Les mangeurs de viande

Léon Tolstoï

analyse de Charles Richet,

prix Nobel de médecine 1915

Copyright © 2022 Léon Tolstoï (domaine public)
Édition : BoD – Books on Demand, info@bod.fr
Impression : BoD – Books on Demand,
In de Tarpen 42, Norderstedt (Allemagne)
Impression à la demande.
ISBN : 978-2-3224-2522-8
Dépôt légal : Mai 2022
Tous droits réservés
Ce livre a été produit et maquetté par Reedsy.com

Première Partie

Les Mangeurs de viande.[2]

Par Léon Tolstoï

I

Dans tous les actes de sa vie, l'homme doit apporter un esprit de méthode sans lequel le but qu'il poursuit ne saurait être atteint. Cela est vrai, qu'il s'agisse des choses matérielles ou immatérielles. De même qu'il sera impossible au boulanger de faire du pain, s'il n'a ni pétri sa pate, ni chauffé son four, de même l'homme qui tendra vers une vie morale, ne pourra réussir qu'autant qu'il aura su acquérir les diverses qualités, dont l'ensemble fait qu'on peut dire de celui qui les possède : « C'est un homme d'une vie morale irréprochable. »

Il faudra, en outre que dans l'acquisition de ces qualités, il suive une marche logique, ordonnée ; qu'il commence par les vertus fondamentales et qu'il gravisse petit à petit, les échelons qui le mèneront au but qu'il poursuit.

Dans toutes les doctrines morales, il existe une échelle, laquelle, comme dit la sagesse chinoise, va de la terre au ciel et dont l'ascension ne peut s'accomplir autrement qu'en commençant par l'échelon le plus bas. Cette règle est prescrite aussi bien par les bramines et les bouddhistes que par les partisans de Confucius, on la retrouve également dans les doctrines des sages de la Grèce.

Tous les moralistes, aussi bien déistes que matérialistes, reconnaissent la nécessité d'une succession définie et méthodique dans l'assimilation des vertus sans lesquelles il n'y a pas de vie morale possible. Cette nécessité découle de l'essence même des choses ; il semblerait par conséquent, qu'elle dût être acceptée par tous. Mais, chose étrange ! depuis que le christianisme est devenu synonyme d'Église, la conscience de cette nécessité tend à disparaître de plus en plus et elle n'existe plus guère que chez les ascètes et les moines.

Parmi les chrétiens laïques, il est parfaitement admis qu'un homme puisse posséder des vertus supérieures sans avoir commencé par acquérir celles qui, normalement, auraient dû l'y conduire ; certains vont même plus loin et prétendent que l'existence de vices parfaitement déterminés chez un individu, ne l'empêche en aucune façon de posséder parallèlement de très hautes vertus.

Il est résulté de cela, qu'aujourd'hui, chez les laïques, la notion de la vie morale est, sinon perdue, tout au moins fort embrouillée.

II

Cela est arrivé, à mon avis, de la façon suivante.

Le christianisme, en remplaçant le paganisme, a posé en principe une morale plus exigeante ; mais cette morale, comme celle du paganisme, ne pouvait être atteinte qu'après avoir suivi tous les degrés de l'échelle des vertus.

D'après Platon, l'abstinence était la première qualité qu'il importait d'acquérir. Venaient ensuite : le courage, la sagesse et enfin la justice qui, d'après sa doctrine, était la vertu la plus haute qu'un homme pût posséder. La doctrine du Christ enseignait une autre progression : le sacrifice, la fidélité à la volonté divine et au-dessus de tout : l'amour.

Les hommes qui se sont sérieusement convertis au christianisme et qui ont cherché à mener une vie morale chrétienne n'en ont pas moins commencé par adopter le premier principe de la doctrine païenne en s'abstenant du superflu.

Qu'on n'aille pas croire que le christianisme ne faisait, dans ce cas, que s'approprier ce que le paganisme avait érigé avant lui. Qu'on ne me fasse pas ce reproche que j'abaisse le christianisme en ravalant sa haute doctrine jusqu'au bas niveau païen. Cela serait injuste ; je reconnais la doctrine chrétienne comme la plus haute qui soit et je ne la compare en rien au paganisme.

C'est justement parce que la doctrine chrétienne est supérieure à celle des païens qu'elle l'a supplantée ; mais il n'en faut pas moins reconnaître que l'une et l'autre acheminent l'homme vers la vérité et le bien, et, comme ces deux choses sont immuables, au fond la voie qui y conduit doit être unique. C'est pourquoi les *premiers pas* dans cette voie doivent nécessairement être les mêmes, qu'il s'agisse des chrétiens ou des païens. Qu'est-ce qui différencie donc ces deux doctrines ? C'est que, à l'encontre de la doctrine païenne qui a été établie d'une façon bornée, la doctrine chrétienne est une tendance continuelle vers la perfection.

Platon, par exemple, établit comme modèle de perfection : la justice ; le Christ choisit la perfection indéfinie : l'amour : « Soyez parfaits comme votre Père céleste est parfait. »

D'après le paganisme, avant d'arriver à la plus haute vertu, les degrés qu'on franchit ont leur importance relative : plus hauts ils sont, et plus il faut de vertu. Il résulte de là qu'au point de vue païen, on peut être plus ou moins vertueux ou plus ou moins vicieux.

D'après la doctrine chrétienne, il n'en saurait être ainsi : on est vertueux ou on ne l'est pas. On le devient plus ou moins vite ; mais on n'est réputé tel qu'autant que tous les éléments ont été acquis.

Je m'explique. Au point de vue païen, l'homme sage est vertueux ; mais celui qui, à la sagesse, ajoute le courage, l'est plus que l'autre et si, à ces deux qualités vient s'ajouter le sentiment de la justice, la perfection est atteinte. Le chrétien au contraire ne saurait être supérieur ou inférieur à un autre au point de vue moral ; mais il est d'autant plus chrétien qu'il se meut plus rapidement sur la voie de la perfection, quel que soit le degré sur lequel il se trouve à un moment donné, de sorte que la vertu stationnaire d'un pharisien est moins chrétienne que celle du larron dont l'âme est en plein mouvement vers l'idéal et qui se repent sur sa croix.

Telle est la différence entre les deux doctrines. Le paganisme considère l'abstinence comme une vertu alors que le christianisme ne l'admet que comme un moyen d'acheminement vers le sacrifice, condition première d'une vie morale.

Cependant tous les hommes ne considèrent pas la doctrine du Christ comme une tendance continuelle vers la perfection ; la majorité l'a comprise comme une doctrine rédemptrice : le rachat du péché par la grâce divine transmise par l'Église chez les catholiques et les orthodoxes et la croyance en la rédemption chez les protestants et les calvinistes. C'est cette doctrine qui a fait disparaître la sincérité et le sérieux de l'attitude des hommes vis-à-vis de la morale chrétienne. Les représentants de ces organes pourront prêcher à satiété que ces moyens de salut n'empêchent pas l'homme de tendre vers une vie morale, mais y concourent au contraire ; certaines situations engendrent en elles-mêmes certaines conclusions, et aucun argument ne pourra empêcher les hommes de les accepter.

C'est pourquoi l'homme qui est imbu de cette croyance de rédemption n'aura plus l'énergie suffisante pour assurer son salut au moyen de ses propres efforts ; il trouvera bien plus simple d'accepter le dogme qui lui est enseigné et d'attendre de la grâce divine le rachat des fautes qu'il aura pu commettre.

C'est ce qui est arrivé à la majorité des adeptes du christianisme.

III

Telle est la cause principale de ce relâchement dans les mœurs. Pourquoi s'astreindre à certaines coutumes ? Pourquoi se priver de telle ou telle chose puisque le résultat sera le même ? Pourquoi rompre avec des habitudes agréables en somme, puisque la récompense viendra quand même ?

Tout récemment a paru l'encyclique du pape sur le socialisme. Dans ce document, le chef de l'Église, après une prétendue réfutation de la doctrine socialiste sur l'illégitimité de la propriété, dit expressément que « nul assurément n'est tenu de soulager le prochain en prenant sur son nécessaire ou sur celui de sa famille ou en retranchant quoique ce soit de ce qu'exigent les convenances mondaines. Personne, en effet, ne doit vivre contrairement aux convenances. » (Cela est emprunté à saint Thomas : *Nullus enim inconvenienter debet vivere.*) « Mais, après avoir satisfait aux besoins et aux convenances extérieures, dit plus loin l'encyclique, le devoir de chacun est de donner le superflu aux pauvres. »

Ainsi prêche le chef de l'Église la plus répandue aujourd'hui ; ainsi prêchaient tous les Pères de l'Église qui reconnaissaient le salut par l'action insuffisant.

Et à coté de la prédication de cette doctrine égoïste, qui prescrit de donner au prochain ce dont on n'a pas besoin, on prêche l'amour dudit prochain et c'est toujours avec emphase qu'on cite les célèbres paroles prononcées par saint Paul, dans le XIIIᵉ chapitre de sa première épître aux Corinthiens.

Quoique la doctrine évangélique tout entière soit remplie d'appels à l'abnégation et enseigne que cette vertu est la première des conditions pour atteindre à la perfection chrétienne ; quoiqu'il y soit dit que « qui ne portera pas sa croix, qui ne reniera pas son père, sa mère, qui ne risquera pas sa vie... » ces hommes persuadent aux autres qu'il n'est pas nécessaire pour aimer son prochain de sacrifier ce à quoi on est habitué, mais qu'il suffit de donner ce qu'on juge convenable.

Ainsi parlent les Pères de l'Église et, conséquemment, ceux qui repoussent la doctrine de l'Église (en tant que manifestations extérieures du culte) pensent, parlent et écrivent de même manière que les libres-penseurs. Ces hommes se persuadent et persuadent aux autres que, sans qu'il soit besoin de réduire ses passions, on peut servir l'humanité et avoir une conduite morale.

Les hommes, après avoir rejeté les pratiques païennes, n'ont pas su s'assimiler la véritable doctrine chrétienne ; ils n'ont pas admis la marche progressive dans le chemin de la vertu, ils sont restés stationnaires.

IV

Dans le temps jadis, avant l'apparition du christianisme, tous les grands philosophes, en commençant par Socrate, furent d'avis que la première des vertus à acquérir était l'abstinence ἐνγκρατεῖς ou σωφροσύνη, et que vouloir en acquérir d'autres, sans posséder celle-là, était impossible.

Il est évident, en effet, que l'homme qui ne sait pas se maîtriser devient la proie facile de tous les vices et se trouve dans l'impossibilité de mener une vie morale. Avant de penser à la générosité, à l'amour, au désintéressement, à la justice, il faut que l'homme apprenne à se bien posséder et qu'il soit assez fort, le cas échéant, pour refréner ses appétits.

À notre point de vue, tout cela est inutile ; nous avons la conviction que l'homme peut mener une existence absolument morale, alors même qu'il se laisse aller complètement à son penchant pour le luxe et les plaisirs.

Il semblerait, quel que soit le point de vue auquel on se place — utilitaire, païen ou chrétien — que l'homme qui exploite pour son propre plaisir le travail, et souvent le travail le plus pénible d'autrui, agisse mal, et que c'est là la première habitude avec laquelle il devrait rompre, s'il vise à mener l'existence propre à l'homme de bien.

Au point de vue utilitaire, c'est une mauvaise action, car, en forçant les autres à travailler pour soi, l'homme se trouve toujours dans une situation fâcheuse : il s'habitue à satisfaire ses passions et devient leur esclave, alors que les gens qu'il emploie ne travaillent pour lui qu'avec jalousie et mécontentement, et n'attendent qu'une occasion favorable pour s'affranchir de cette nécessité.

Par conséquent, l'homme se trouve toujours exposé à rester avec des habitudes invétérées, qu'à un moment donné il peut ne plus être en mesure de satisfaire.

Au point de vue de la justice, c'est encore une mauvaise action, parce qu'il est mal de bénéficier, pour son agrément, du travail d'individus qui, par le fait même de leur condition, ne peuvent pas se donner la centième partie des jouissances qu'ils concourent à procurer à celui qui les emploie.

Au point de vue de l'amour chrétien, il semble superflu de démontrer que l'homme qui aime réellement son prochain, loin de se servir du travail d'autrui pour son plaisir, donnera plutôt sa part d'activité pour aider au bien-être des autres.

Ces exigences de l'intérêt, de la justice et de l'amour, sont absolument dédaignées dans notre société. D'après la doctrine qui domine le plus aujourd'hui, l'augmentation des besoins est considérée, au contraire, comme une qualité désirable, comme un indice de développement intellectuel, de civilisation et de perfection.

Les hommes soi-disant instruits estiment que ces habitudes de confort, que cette tendance à l'effémination sont un indice certain d'une supériorité morale continent à la vertu. Plus il y a de besoins, plus ils sont raffinés, et mieux cela vaut.

Rien ne vient aussi fortement à l'appui de cette assertion que la poésie descriptive et les romans de ce siècle et du siècle dernier. Comment sont peints les héros et les héroïnes qui représentent l'idéal de la vertu ? — Dans la plupart des cas, les hommes qui doivent représenter quelque chose de noble, d'élevé, en allant de Child-Harold aux derniers héros de *Félier*, de *Trolop*, de Maupassant, ne sont rien autre que des parasites qui dévorent, par leur luxe, le travail de milliers d'hommes, alors qu'eux-mêmes ne sont utiles à rien ni à personne.

Quant aux héroïnes, ce ne sont que des courtisanes qui procurent plus ou moins de plaisirs aux hommes et qui gaspillent le travail des autres au profit de leur luxe.

Je me souviens que, lorsque j'écrivais des romans, une difficulté inexplicable se présentait à moi ; j'ai lutté contre elle, de même que luttent encore contre elle, aujourd'hui, les romanciers qui ont conscience de ce qu'est la beauté morale réelle ; cette difficulté était de peindre le type de l'homme du grand monde idéalement beau et bon, et en même temps conforme à la réalité.

La description de l'homme et de la femme du grand monde ne sera vraie qu'autant que le personnage sera présenté dans son milieu habituel, c'est-à-dire dans le luxe et l'oisiveté. Au point de vue moral, ce personnage est certainement peu sympathique, et cependant il faut le présenter de telle façon qu'il le soit. C'est ce que les romanciers cherchent à faire, et c'est ce que j'ai cherché également. Pourquoi se donner autant de peine ? Les lecteurs habituels de ces romans ne sont-ils pas, au point de vue moral, à un niveau à peu près égal à celui du héros qu'on leur dépeint ? N'ont-ils pas, eux aussi, les mêmes penchants et les mêmes habitudes ? Pourquoi alors prendre tant de soucis pour leur rendre sympathiques des types tels que les Child-Harold, les Oneguine, les de Camors, qu'ils sont tout disposés à considérer comme de braves gens ?

V

La preuve indéniable que les hommes d'aujourd'hui ne considèrent pas l'abstinence païenne et l'abnégation chrétienne comme des qualités désirables et bonnes, se trouve dans le système d'éducation donnée aux enfants : au lieu de viser à les rendre forts et courageux, on les efféminent et on leur donne l'habitude de l'oisiveté.

Il y a longtemps que je voulais écrire le conte suivant :

Une femme offensée par une autre et désirant se venger d'elle lui vole son unique enfant, se rend chez le sorcier et lui demande comment elle pourra le plus complètement et le plus cruellement tirer vengeance de son ennemie par le moyen de son fils. Le sorcier lui conseille de conduire l'enfant dans un endroit qu'il lui indique, et lui promet une terrible vengeance. La méchante femme suit ce conseil, mais ne perd pas de vue l'enfant ; à sa grande surprise, elle voit qu'il a été recueilli par un homme riche sans héritiers. Elle retourne chez le sorcier et l'accable de reproches ; il lui répond que l'heure n'est pas encore venue et qu'il lui faut attendre. Cependant l'enfant grandit dans le luxe et l'abondance ; la méchante femme est stupéfaite ; mais le sorcier lui dit d'attendre encore ; et, en effet, il arrive un moment où sa vengeance est tellement terrible qu'elle en vient à plaindre sa victime. L'enfant, qui a grandi dans le confort de la richesse, se ruine bientôt ; et c'est alors que commence une série de privations et de souffrances physiques auxquelles il est particulièrement sensible et contre lesquelles il est impuissant. D'un côté, de nobles aspirations le portent vers une vie régulière ; de l'autre, il ressent l'impuissance de sa chair émasculée, affaiblie et gâtée par le luxe et l'oisiveté.

C'est une lutte sans espoir, une chute continuelle, chaque jour plus profonde, puis l'ivrognerie comme moyen d'oubli ; puis enfin le crime, et la folie ou le suicide pour finir. En vérité, l'éducation de quelques enfants, à notre époque, est faite pour nous terrifier. Seuls, les plus impitoyables ennemis de ces enfants pourraient prendre autant de peine pour leur inculquer l'imbécillité et les vices ; qu'ils doivent à leurs parents et plus spécialement à leurs mères ; et notre horreur s'accroît quand nous contemplons les résultats de cette éducation et les ravages qu'elle produit dans l'âme d'enfants, si soigneusement ruinée par leurs parents. On leur donne des habitudes efféminées ; on ne leur apprend pas à maitriser leurs penchants. Il arrive alors que l'homme, loin d'être entraîné au travail, d'avoir l'amour de son œuvre, d'avoir conscience de ce qu'il a fait, est habitué au contraire à l'oisiveté, au mépris de tout travail productif et au gaspillage. Il perd la notion de la première vertu à acquérir avant toute autre : la sagesse ; et il entre dans la vie où l'on prêche et où l'on semble apprécier les hautes vertus de la justice, de l'amour et de la charité. Heureux encore, si le jeune homme est d'une nature faible moralement, s'il ne sait pas discerner la moralité des apparences de la moralité, s'il peut se contenter du mensonge qui est devenu la loi de la société. Si cela est ainsi, tout semble aller à souhait, et l'homme qui a le sens moral assoupi peut vivre heureux jusqu'à son dernier jour.

Mais cela n'est pas toujours ainsi, surtout en ces derniers temps, quand la conscience de l'immoralité d'une pareille existence est dans l'air et frappe malgré tout le cœur. Il arrive de plus en plus souvent que les principes de la véritable morale se font jour, et alors commence une pénible lutte intérieure, une souffrance qui finit rarement à l'avantage de la moralité.

L'homme sent que sa vie est mauvaise, qu'il faudrait la changer de fond en comble, et il essaye de le faire ; mais alors ceux qui ont subi déjà la même lutte et qui y ont succombé se jettent de toutes parts sur celui qui tend à changer son existence, et s'efforcent par tous les moyens de le persuader de l'inutilité de ses efforts, de lui prouver que la continence et l'abnégation ne sont nullement nécessaires pour être bon ; qu'on peut, tout en aimant la bonne chère, le luxe, l'oisiveté et même la luxure, être un homme absolument utile et droit. Cette lutte, généralement, a une fin lamentable, soit que, exténué, l'homme se soumette à l'avis général, cesse d'écouter la voix de sa conscience, ait recours a des subterfuges pour se justifier et continue sa vie de débauche en se persuadant qu'il la rachète, soit par sa foi en la rédemption et dans les sacrements, soit par le culte de la science, de l'art et de la patrie, ou bien qu'il lutte, souffre, devienne fou ou se suicide. Il est rare qu'au milieu de toutes les tentations qui entourent l'homme de notre société, il comprenne qu'il existe et qu'il a existé pendant des milliers d'années une vérité primitive pour tous les hommes sages ; que, pour arriver à une existence morale, il faut avant tout cesser d'avoir une mauvaise conduite et que, pour atteindre quelque haute vertu, il faut avant tout acquérir la vertu de l'abstinence et de la possession de soi-même comme l'ont définie les païens, ou la vertu de l'abnégation comme le prescrit le christianisme.

VI

Je viens de lire les lettres de notre très érudit M. Ogarev, l'exilé, à un autre érudit, M. Herzen. Dans ces lettres, M. Ogarev exprime ses pensées intimes, ses tendances les plus élevées, et tout de suite on s'aperçoit qu'il pose un peu devant son ami. Il parle de la perfection, de la sainte amitié, de l'amour, du culte de la science, de l'humanité, etc. Et à côté, avec le même ton, il écrit qu'il irrite souvent son ami avec lequel il habite, parce que, suivant ses propres expressions, « je rentre en état d'ébriété ou que je passe de longues heures avec un être déchu, mais charmant... »

Évidemment très sympathique, de grand talent, d'une très grande érudition, cet homme ne pouvait même pas s'imaginer qu'il y avait la moindre faute dans ce fait que lui, marié, attendant à chaque moment l'accouchement de sa femme (dans la lettre suivante il annonce sa délivrance), rentre chez lui ivre, après avoir passé son temps eu compagnie d'une fille de joie. Il ne lui est même pas venu à l'idée que tant qu'il n'aurait pas commencé la lutte et maîtrisé, au moins dans une faible partie, ses tendances et l'ivrognerie et à la luxure, il n'aura pas le droit de penser à l'amitié, à l'amour et surtout au culte de quoi que ce soit.

Et non seulement il ne lutte pas contre ces vices, mais il les considère comme quelque chose de charmant qui n'empêche nullement sa tendance vers la perfection ; et, loin de les cacher à son ami, devant lequel il voulait se présenter sous le meilleur aspect, il en fait au contraire parade.

Ainsi se passaient les choses, il y a cinquante ans. J'ai connu encore ces hommes, j'ai connu Ogarev et Herzen eux-mêmes et les hommes de cette catégorie, éduqués suivant les mêmes traditions. Chez tous, il y avait une absence frappante d'esprit de suite ; il y avait chez eux un ardent désir du bien, et, à côté de cela, ils affichaient la licence la plus complète dans la débauche. Ils avaient cependant la conviction que cela ne pouvait empêcher une existence morale et qu'ils pouvaient accomplir malgré tout de bonnes et même de grandes actions.

Ils mettaient dans un four non chauffé de la pâte non pétrie et croyaient que le pain serait cuit. Et lorsque sur leurs vieux jours ils s'aperçurent que le pain ne cuisait pas, c'est-à-dire que leur existence n'avait eu aucun résultat utile, ils y virent un coup terrible du destin.

Cette destinée est en effet terrible. Cette situation tragique, comme elle était du temps de Herzen, Ogarev et autres, se répète encore aujourd'hui pour un grand nombre d'hommes, soi-disant instruits, qui ont conservé les mêmes opinions. L'homme tend aux bonnes mœurs ; mais la régularité, nécessaire à cet effet, n'existe pas dans la société actuelle. Comme Ogarev et Herzen, il y a cinquante ans, la majorité des hommes actuels est convaincue qu'une vie efféminée, une nourriture abondante et grasse, les plaisirs et la luxure, n'empêchent pas une existence morale. Mais il est probable qu'ils n'y réussissent pas, puisqu'ils sont envahis par le pessimisme et disent : « C'est la une situation tragique de l'homme. »

Ce qui surprend encore, c'est que ces hommes sachent que la distribution des plaisirs entre les hommes est inégale, qu'ils considèrent cette inégalité comme un mal, qu'ils veulent y porter remède et que, cependant, ils ne cessent pas de tendre à l'augmentation de ces plaisirs.

En agissant ainsi, ces hommes ressemblent à des gens qui, en entrant les premiers dans un jardin fruitier, se pressent d'y cueillir tous les fruits à la portée de leurs mains, tout en désirant établir une répartition plus équitable des fruits entre eux et ceux qui les ont suivis, et qui continuent cependant à s'emparer de tous les fruits.

VII

L'erreur dont nous parlons est si incompréhensible que, j'en suis certain, les générations à venir ne comprendront pas ce que les hommes de notre époque entendaient par « vie morale », lorsqu'ils disaient que le glouton, l'émasculé, le débauche, l'oisif de nos classes riches avaient une vie morale.

En effet, il suffirait d'abandonner la manière ordinaire d'envisager la vie des classes riches, de la regarder — je ne dis pas en se plaçant au point de vue chrétien — mais païen, au point de vue de la justice la plus élémentaire, pour se convaincre que, devant cette violation des lois les plus simples, les plus primitives de la justice, lois que les enfants mêmes n'oseraient violer dans leurs jeux, et au milieu desquelles nous, les hommes de la classe opulente, nous vivons, il ne peut être question d'une existence morale quelconque. Que de fois nous nous servons, pour justifier notre mauvaise conduite, de l'affirmation qu'un acte qui irait à l'encontre de la vie ordinaire ne serait pas naturel, n'indiquerait que le désir de poser, et, par suite, serait une mauvaise action ! Cette argumentation semble être inventée pour que les hommes n'abandonnent jamais leur mauvaise conduite. Si notre vie était toujours juste, toute action conforme à cette vie serait forcément juste ; et si notre vie n'est qu'à moitié bonne, il y a autant de chances pour que toute action qui n'est pas conforme à l'avis général soit bonne ou mauvaise ; si enfin notre vie est mauvaise, comme celle des classes dirigeantes, il est impossible de faire une seule bonne action sans compromettre le train régulier de notre vie.

La moralité de la vie, d'après la doctrine païenne et, plus encore, d'après la doctrine chrétienne, ne peut être définie que par le rapport, dans le sens mathématique, de l'amour pour soi à l'amour pour le prochain. Moins on a d'amour pour soi-même, moins on exige de soins et de peines de la part des autres, et plus on a d'amour pour le prochain, de souci du bien d'autrui ; plus on travaille pour lui, plus la vie est morale.

Ainsi entendaient et entendent la bonne vie, tous les sages de l'humanité et tous les véritables chrétiens ; elle est comprise de même par tous les gens simples. Plus l'homme donne aux autres et exige moins pour lui, plus il est près de la perfection. Moins il donne aux autres et plus il exige pour lui, plus il s'éloigne de la perfection. Si vous déplacez le centre de gravité d'un levier, en le rapprochant du bras le plus court, par ce fait, non seulement le bras long le deviendra encore davantage, mais le bras court deviendra encore plus court. De même si l'homme, ayant une certaine faculté d'aimer, a augmenté l'amour de lui-même et des soins égoïstes, il a par suite diminué la possibilité de l'amour et des soins à donner aux autres, non seulement de la quantité d'amour qu'il a accumulée sur lui, mais dans des proportions bien plus grandes. Au lieu de donner à manger aux autres, l'homme a mangé lui-même ce surplus, et par cela, non seulement il a diminué la possibilité de donner ce surplus, mais encore, s'étant gavé, il s'est mis dans l'impossibilité de penser aux autres.

Pour être capable d'aimer les autres, il faut ne pas s'aimer exclusivement. D'ordinaire, cela se passe ainsi : Nous pensons et nous nous persuadons que nous aimons les autres ; mais ce n'est qu'en paroles, non en fait. Nous oublierons de donner à manger aux autres, de les coucher : pour nous, jamais. Et voila pourquoi, pour réellement aimer les autres, il faut apprendre à ne pas s'aimer en fait, apprendre à oublier de manger et de dormir, de même que nous le faisons à l'égard des autres.

Nous disons : « Un homme bon », et : « Il mène une conduite morale » d'un homme efféminé, habitué au luxe. Un pareil être peut avoir les meilleurs traits de caractère, mais ne peut pas avoir une conduite morale, de même qu'un couteau du meilleur travail et du meilleur acier ne peut pas couper s'il n'est aiguisé. Être bon et avoir de bonnes mœurs veut dire : donner aux autres plus qu'on n'en reçoit. L'homme habitué au luxe ne peut pas le faire, d'abord à cause de ses besoins nombreux qu'une longue habitude a consacrés, et ensuite parce qu'en consommant tout ce qu'il reçoit des autres, il s'affaiblit et se rend impropre à tout travail.

L'être humain (homme ou femme) couche sur un lit avec un sommier, deux matelas, deux draps bien blancs, des taies d'oreiller, des oreillers en duvet ; près du lit, il y a une carpette pour protéger ses pieds contre le froid, bien qu'il ait des pantoufles ; près de lui encore, les accessoires nécessaires pour qu'il n'ait pas besoin d'aller plus loin ; il peut satisfaire, sans se déranger, tous ses besoins : ce n'est rien, on l'emportera… Les fenêtres sont protégées par des rideaux pour que la lumière ne l'empêche pas de dormir, et il dort jusqu'à satiété. Toutes les mesures sont prises pour que l'hiver il ait chaud, l'été, frais ; pour qu'il ne soit pas troublé par le bruit, les mouches et autres insectes ; il dort, et à son réveil il trouvera de l'eau chaude et froide pour les besoins de sa toilette ; parfois pour le bain, parfois pour se raser. On prépare le thé ou le café, boissons excitantes qu'on boit aussitôt levé ; les bottes, les bottines, les caoutchoucs (plusieurs paires) qu'il a salis la veille sont déjà nettoyés et luisent comme du verre, sans qu'on y trouve un grain de poussière. On nettoie aussi les vêtements portés la veille et qui sont propres, non seulement à l'hiver et à l'été, mais encore au printemps, à l'automne, aux temps pluvieux, chauds, humides, etc. — On prépare du linge fraîchement lavé, empesé, repassé, avec des petits boutons, des boutonnières qui sont passées en revue par des gens préposés spécialement à ce soin. Si l'homme est actif, il se lève de bonne heure, c'est-à-dire à sept heures du matin, mais tout de même deux ou trois heures après ceux qui ont dû préparer tout cela pour lui. En outre des préparatifs des vêtements pour la journée et des couvertures pour la nuit, il y a encore le vêtement et les chaussures de petit lever : robe de chambre, pantoufles, et enfin on va se débarbouiller, se nettoyer, se peigner et, à cet effet, on emploie plusieurs sortes de brosses, de savons et une grande quantité d'eau (beaucoup d'Anglais et les femmes surtout sont fiers, je ne sais pourquoi, d'employer beaucoup de savon et d'user beaucoup d'eau). Ensuite, l'homme s'habille, se peigne devant une glace spéciale, en outre de celles qui sont suspendues dans presque toutes les chambres.

Il prend les choses qui lui sont nécessaires : des lunettes, un lorgnon, et met tout cela dans sa poche : un mouchoir propre pour se moucher, une montre avec la chaîne, quoique partout où il se trouvera il y ait une pendule ; il se munit chargent de tout genre : menue monnaie (souvent dans un petit appareil spécial qui dispense de la peine de chercher ce qu'il faut), et de billets de banque, des cartes sur lesquelles est imprimé son nom, ce qui dispense de la peine de l'écrire, un carnet, un crayon, etc.

Pour la femme, la toilette est encore plus compliquée : le corset, la coiffure, des bijoux, des petits rubans, des petits cordons, des épingles à cheveux et ordinaires, des broches, etc…

Mais voilà que tout est fini, et la journée commence d'ordinaire par le manger : on prend le café, ou le thé, avec une grande quantité de sucre, on mange des petits pains, du pain de première qualité, avec du beurre et parfois du jambon. Les hommes, pour la plupart, fument des cigarettes ou des cigares, puis lisent leur journal tout frais apporté ; puis après avoir sali la chambre, on laisse aux autres le soin de la nettoyer ; on s'en va au bureau ou à ses affaires, on se promène en voiture ; puis on déjeune généralement d'animaux tués, d'oiseaux, de poissons ; puis le dîner, aussi substantiel : deux ou trois plats pour les plus réservés, les desserts, le café ; enfin les cartes, la musique, le théâtre, la lecture ou la conversation dans de moelleux fauteuils, à la lumière vive ou atténuée de la bougie, du gaz ou de l'électricité ; encore le thé, encore le manger, le souper, et de nouveau le lit, préparé, bassiné, avec du linge propre, le vase de nuit nettoyé. Telle est la journée de l'homme d'une vie rangée, dont on dit, s'il est d'un caractère doux : il n'a pas des habitudes désagréables ; c'est un homme qui est de bonnes mœurs.

Mais la vie morale est celle de l'homme qui fait du bien à son prochain ; et comment un homme habitué à une pareille existence peut-il faire du bien ? Avant de faire le bien, il doit cesser de faire le mal, et cependant comptez tout le mal qu'il fait aux hommes, parfois sans s'en apercevoir, et vous verrez qu'il est encore loin de toucher au but.

Il serait plus sain pour lui, physiquement et moralement, d'être couche par terre sur un manteau, à l'exemple de Marc-Aurèle. Que de travail et de peine il éviterait ainsi à tous ceux qui l'entourent ! Il pourrait se coucher plus tôt et se lever plus tôt ; par ce moyen, on n'aurait plus à s'occuper ni de l'éclairage pour le soir, ni des rideaux pour le matin. Il pourrait dormir dans la même chemise qu'il avait a le jour, marcher pieds nus sur le parquet et dans la cour, se débarbouiller avec l'eau du puits, vivre, en un mot, comme vivent tous ceux qui font tout cela pour lui. Il sait cependant quelles peines occasionnent tous ces travaux. Et, alors, comment un homme pareil pourrait-il faire du bien sans abandonner sa vie de luxe ?

Je ne puis pas me dispenser de répéter toujours la même chose, malgré le silence froid et hostile que rencontrent ces paroles.

Un homme moral qui jouit de toutes les commodités, du confort, ou même l'homme de la classe moyenne — je ne parle pas de ceux du grand monde qui dépensent pour leurs caprices des centaines de journées de travail par vingt-quatre heures — ne peut pas vivre tranquille sachant que tout ce dont il jouit est le fruit du travail des générations ouvrières, écrasées sous le poids de l'existence sans éclaircie, mourant ignorants, ivrognes, débauchés, à demi sauvages, dans les mines, dans les fabriques, les usines, à la charrue, en produisant les objets qui servent à l'homme de condition supérieure. Moi, qui écris cela, et vous, qui me lirez, qui que vous soyez, vous, comme moi, nous avons une nourriture suffisante, souvent abondante, riche, l'air pur, les vêtements d'hiver et d'été, toute sorte de distractions, et surtout le loisir le jour et le repos complet la nuit ; et à coté de nous vit le peuple travailleur qui n'a ni nourriture, ni logement sain, ni vêtements suffisants, ni distractions ; et surtout, non seulement aucun loisir, mais souvent encore aucun repos : des vieillards, des enfants, des femmes exténués par le travail, par des nuits passées sans sommeil, par les maladies, sont pendant leur vie tout entière à travailler pour nous, à produire ce même objet de confort, de luxe, qu'ils ne possèdent pas, eux, et qui ne sont pour nous qu'un superflu et non une nécessité.

C'est pourquoi un homme de bien, je ne dis pas un chrétien, mais un ami de l'humanité ou même simplement de la justice, ne peut pas ne pas désirer changer sa vie et cesser de se servir des objets de luxe produits par des ouvriers dans de telles conditions.

Si l'homme a réellement pitié de ceux de ses semblables qui produisant le tabac, la première chose pour lui sera de cesser de fumer, car en persistant il encourage la production du tabac et compromet sa santé.

On peut en dire autant de tous les objets de luxe. Si l'homme ne peut pas se passer de pain, malgré le pénible travail que cela lui coûte, c'est parce que, tant que les conditions de travail n'auront pas changé, il ne peut pas le conquérir sans grand'peine. Mais quand il s'agit de choses inutiles et superflues, on ne peut faire autrement, si on a pitié du prochain qui produit ces objets, que de s'en déshabituer.

Mais les hommes de notre temps ne pensent pas ainsi ; ils trouvent toute sorte d'arguments, sauf celui qui se présente tout naturellement à tout homme simple. D'après eux, il est absolument inutile de se refuser le luxe ; on peut très bien compatir à l'état des ouvriers, prononcer des discours, écrire des ouvrages en leur faveur, et en même temps continuer à profiter du travail que nous considérons comme nuisible pour eux.

Il y a des gens qui disent qu'on peut se servir du travail meurtrier des ouvriers, parce que, s'ils n'en profitent pas, d'autres en profiteront. Cela rappelle cet argument qu'il faut boire le vin même nuisible, justement parce qu'il est nuisible, et que, si on ne le boit pas, d'autres le boiront.

D'autres disent que la jouissance du luxe produit par les ouvriers est même très utile pour ceux-ci, parce que nous leur donnons ainsi de l'argent, c'est-à-dire la possibilité d'exister ; comme si ou ne pouvait pas leur procurer cette possibilité par rien autre que par la production des objets nuisibles pour eux et inutiles pour nous.

Enfin, d'après un troisième avis, le plus répandu, toute œuvre dont l'homme s'occupe : fonctionnaire, prêtre, cultivateur, fabricant, commerçant, est, en vertu de le division du travail, si utile, qu'elle rachète toutes les peine des ouvriers dont profitent ces soi-disant économistes.

L'un est au service de l'État, l'autre de l'Église, le troisième de la science, le quatrième de l'art, le cinquième à celui qui sert l'État, l'Église et l'art, et tous sont fermement convaincus que ce qu'ils donnent aux hommes rachète complètement ce qu'ils leur prennent.

Et cependant, si on écoute l'opinion de ces gens sur leurs vertus réciproques, on voit que chacun d'eux est loin de valoir ce qu'il consomme. Les fonctionnaires disant que les peines des propriétaires ne sont nullement en rapport avec ce qu'ils dépensent ; les propriétaires disent la même chose du négociant ; le négociant du fonctionnaire, etc. ; mais cela ne les déconcerte pas, et ils continuent à persuader aux autres que chacun d'eux profite du travail d'autrui juste autant qu'ils donnent eux-mêmes. Il s'ensuit que ce n'est pas d'après le travail qu'on détermine les salaires, mais d'après les salaires qu'on mesure le soi-disant travail. Voilà ce qu'ils prétendent, mais au fond ils savent très bien que ces justifications ne sont nullement probantes, qu'ils ne sont nullement utiles aux ouvriers et qu'ils se servent du travail de ces derniers, non pas d'après le principe de la division du travail, mais simplement perce qu'ils ne peuvent pas agir autrement, et sont en même temps si pervertis qu'ils ne peuvent pas s'en passer.

Tout cela provient de ce que les hommes croient qu'on peut mener une existence morale sans avoir acquis progressivement les facultés nécessaires à cette existence.

Cette première faculté est l'abstinence.

VIII

Sans l'abstinence, il n'est pas de vie morale possible. Pour atteindre cette vie, on doit posséder cette vertu. Si, dans la doctrine chrétienne, l'abstinence est comprise dans la notion de l'abnégation, néanmoins la progression reste la même, et aucune vertu chrétienne n'est possible sans l'abstinence. Mais cette vertu elle-même n'est jamais atteinte du premier coup; il faut une progression. L'abstinence est l'affranchissement de l'homme de la lubricité et sa soumission à la sagesse; l'homme a de nombreuses passions, et pour qu'il lutte contre elles avec avantage, il doit commencer par les fondamentales, celles qui en engendrent d'autres plus compliquées, et non pas commencer par ces dernières, qui ne sont que la conséquence des premières.

Il y a des passions compliquées, comme celles des falbalas, du jeu, des plaisirs, du bavardage, de la curiosité, et il y en a d'autres fondamentales : la gloutonnerie, l'oisiveté, la luxure… Dans la lutte contre les passions, il ne faut pas commencer par la fin, c'est-a-dire contre les passions compliquées; il faut commencer par celles qui sont la source des autres, et encore dans une gradation définie par la nature même de ces passions et par la tradition de la sagesse.

L'homme gourmand est incapable de lutter contre la paresse, et celui qui est oisif et gourmand à la fois n'aura jamais la force de lutter contre la passion de la femme. C'est pourquoi, d'après toutes les doctrines, la tendance vers l'abstinence commence par la lutte contre la passion de gourmandise, commence par le jeûne.

Dans notre société, la première vertu, l'abstinence, est absolument oubliée, de même qu'est méconnue la progression nécessaire pour acquérir cette vertu ; le jeûne est absolument abandonné ; on le considère comme une superstition stupide, absolument inutile.

Et cependant, de même que la première condition d'une vie morale est l'abstinence, la première condition de l'abstinence est le jeûne.

On peut désirer être bon, rêver de faire le bien sans jeûner ; mais, en réalité, c'est aussi impossible que de marcher sans être debout.

La gourmandise, au contraire, est le premier indice d'une vie débauchée et, malheureusement, cet indice est spécial, au plus haut degré, à la majorité des hommes de notre temps.

Regardez les visages et la constitution des hommes de notre société et de notre époque : tous ces visages, avec des mentons et des joues pendants, les membres trop gras et l'abdomen proéminent, vous parlent éloquemment d'une vie pleine de débauche. Et comment pourraient-ils être autrement ? Demandez-vous quel est le mobile principal de leur vie ? Et si étrange que cela puisse nous paraître à nous qui sommes habitués à cacher nos véritables intérêts, et qui, si volontiers, employons l'artifice, le principal mobile de la majorité des hommes de notre société et de notre époque est la satisfaction du palais, la satisfaction de manger, la voracité. En commençant par les plus pauvres jusqu'aux plus riches, la voracité, je pense, est le but principal, le plaisir primordial de notre vie. Le peuple travailleur ne constitue l'exception que dans la mesure ou le besoin l'empêche de s'adonner à cette passion. Aussitôt qu'il a le temps et les moyens, à l'exemple des hautes classes, il se procure les mets les plus agréables, et il mange et boit autant qu'il peut.

Plus il peut manger, plus il se croit non seulement heureux, mais fort, mais bien portant. Et les hautes classes le confirment dans cette conviction, puisqu'elles envisagent ainsi la nourriture.

Voyez la vie de ces riches ; écoutez leurs conversations. Quels sujets élevés les intéressent ! Et la philosophie, et la science, et l'art et la poésie, et la question de la distribution de la richesse, et le bien-être du peuple, et l'éducation de la jeunesse. Mais, en réalité, tout cela n'est que mensonge pour la majorité. Cela les occupe en passant, entre leurs véritables occupations et les repas, quand l'estomac est encore plein et qu'on ne peut pas manger encore. L'unique, le véritable intérêt et des hommes et des femmes, c'est le manger, surtout après la première jeunesse. Comment manger ? Que manger ? Quand ? Où ?

Pas une solennité, pas une joie, pas une inauguration ne se passe sans banquet.

Voyez les voyageurs. On remarque cela encore mieux chez eux. « Les musées, les bibliothèques, le parlement, comme c'est intéressant ! Et où mangerons-nous ? Où mange-t-on le mieux ? » Et regardez les hommes quand ils se réunissent pour un dîner, parés, parfumés autour d'une table ornée de fleurs ; avec quelle joie ils se frottent les mains et soudent !

Si on regardait au fond de l'âme pour savoir ce que désire la majorité des hommes, on verrait que c'est l'appétit. En quoi consiste la punition la plus cruelle dès l'enfance ? Être condamné au pain et à l'Eau ! Quel est le domestique le mieux rétribué ? — le cuisinier !

Quel est le principal souci de la maîtresse de la maison ? Sur quel sujet roule, dans la plupart des cas, la conversation entre ménagères de la classe moyenne ? Et si la conversation du grand monde ne roule pas sur ce sujet, ce n'est pas parce qu'ils sont plus instruits ou occupés d'intérêts plus élevés, mais simplement parce qu'ils ont un intendant dont c'est l'occupation exclusive. Mais essayez de les priver de cette commodité et vous verrez à quoi vont leurs soucis. Tout converge vers la question : nourriture ; sur le prix de la bécasse, sur le meilleur moyen de faire le café, des gâteaux sucrés, etc. Quelle que soit l'occasion pour laquelle les hommes se réunissent : soit le baptême, le mariage, l'enterrement, la consécration d'une église, la conduite faite au voyageur, la rencontre, la présentation du drapeau, la fête anniversaire, comme la mort ou la naissance d'un grand savant, d'un penseur, d'un moraliste, on dirait que les intérêts les plus élevés leur tiennent au cœur alors que tout, au contraire, n'est qu'un prétexte ; tout le monde sait qu'on mangera bien, qu'on boira, et que c'est cela qui les a réunis.

Déjà plusieurs jours avant cette fête on tue, on égorge des animaux, on apporte des paniers de comestibles, et les cuisiniers, les aides de cuisine, les marmitons, les garçons de cuisine, vêtus tout de blanc, « travaillent », des chefs qui reçoivent 500 roubles par mois et plus encore, donnent des ordres ; les cuisiniers hachent, pétrissent, lavent, disposent, ornent. Les maîtres d'hôtel, solennels, calculent et examinent tout en véritables artistes.

Le jardinier dispose ses fleurs ; les laveuses de vaisselle ... toute une armée de gens travaille ; on dépense le produit de milliers de journées de labeur, et tout cela pour célébrer la mémoire d'un grand homme ou d'un ami défunt ou fêter l'union de deux jeunes gens.

Dans les classes moyennes ou inférieures, c'est la même chose. La gourmandise se substitue tellement au véritable objet de la réunion qu'en grec et en français, c'est le même mot « noce » qui sert à désigner et le mariage et la fête. Mais au moins, dans le monde ouvrier, on ne cherche pas à dissimuler ce sentiment. Chez les riches, au contraire, on affecte de ne considérer ces agapes que comme une satisfaction donnée à l'usage et aux convenances. Manger est pour eux une corvée ; mais qu'on essaye de leur donner au lieu de plats recherchés quelque chose de plus simple, du bouilli, par exemple, vous verrez quelle tempête cela provoquera ; c'est qu'en réalité ce qui prime tout chez eux, c'est la gloutonnerie.

La satisfaction du besoin a des limites, mais le plaisir n'en a pas. Pour satisfaire son estomac, il suffit de manger le pain, le gruau ou le riz ; tandis que, pour le plaisir, il n'y a pas de limites aux sauces et autres ingrédients.

Le pain est une nourriture nécessaire et suffisante ; et la preuve, c'est que des millions d'hommes forts, légers, bien portants, travaillant beaucoup, ne vivent que de pain. Il vaut mieux manger le pain avec un autre aliment. Il vaut encore mieux tremper le pain dans un bouillon de viande ; il vaut encore mieux mettre dans ce bouillon des légumes de diverses sortes ; il est bon aussi de manger la viande et, la viande, non pas en bouilli, mais cuite à point avec du beurre et de la moutarde, et arroser tout cela de vin rouge. On n'a plus faim ; mais on peut encore manger du poisson avec de la sauce, et arroser cela de vin blanc. Il semble qu'on ne peut plus manger ni du gras ni des choses préparées, mais on peut manger des desserts : l'été, la glace ; l'hiver, la compote, la confiture, etc… Voilà un dîner modeste. Le plaisir de ce dîner peut être encore augmenté beaucoup, et on ne s'en prive pas : des hors-d'œuvre qui excitent l'appétit, des entremets, toute sorte de combinaisons de mets agréables et, pour le plaisir des yeux et des oreilles, des fleurs, des ornements, de la musique.

Et, chose singulière, les hommes qui dînent ainsi tous les jours, devant le dîner desquels le festin de Balthazar, qui a provoqué une menace divine, n'est rien, sont naïvement persuadés qu'ils peuvent, malgré cela, mener une vie morale.

IX

Le jeûne est la condition nécessaire d'une vie morale ; mais dans le jeûne, comme dans l'abstinence, on se demande par quoi commencer. Comment jeûner ? Que faut-il manger ? Quel intervalle mettre entre les repas ? Et de même qu'on ne peut pas sérieusement s'occuper d'un travail sans méthode, de même on ne peut pas jeûner sans savoir par où commencer l'abstinence. Cette pensée de jeûner avec méthode semble ridicule, stupide à la majorité.

Je me souviens avec quelle fierté me disait un évangéliste, opposé à l'ascétisme monastique : « Notre christianisme n'est pas dans le jeûne et les privations, mais dans le bifteck ; généralement le christianisme et la vertu vont avec le bifteck. »

Pendant les ténèbres prolongées, en l'absence de tout guide païen ou chrétien, il a pénétré dans notre vie tant de notions sauvages, immorales, surtout dans le domaine inférieur du premier pas vers la vie morale — dans la question de nourriture qui n'a attiré l'attention de personne — qu'il nous est même difficile de comprendre l'insolence et la folie de l'affirmation, à notre époque, du bon accord du christianisme et de la vertu avec le bifteck.

Nous n'avons pas l'horreur de cette affirmation, parce que nous regardons sans voir, nous écoutons sans entendre. Il n'y a pas d'odeurs, aussi infectes qu'elles soient, auxquelles l'homme ne se soit habitué. Il n'y a pas de bruit auquel son ouïe ne se soit faite, de vilénies qu'il n'ait appris à regarder avec indifférence. De sorte qu'il ne remarque plus ce qui frappe un homme non habitué encore à toutes ces choses. Il en est de même dans le domaine moral.

J'ai visité dernièrement, dans notre ville de Toula, les abattoirs. Ils sont construits d'après un modèle nouveau, perfectionné comme dans toutes les grandes villes, de façon à ce que les animaux abattus souffrent le moins possible.

Il y a longtemps déjà, en lisant l'excellent livre *Ethics or Diet*, j'éprouvais le désir de visiter les abattoirs pour m'assurer de visu de l'essence même de la question dont on parle quand il s'agit du végétarisme ; mais j'éprouvais toujours une gêne pareille à celle que l'on éprouve lorsqu'on sait voir une souffrance qui se produira certainement, mais qu'il est impossible d'empêcher ; et je remettais ma visite à plus tard.

Mais, tout récemment, je rencontrai sur la route un boucher, qui se rendait à Toula. C'était encore un ouvrier peu habile, et sa fonction consistait à donner le coup de poignard. Je lui demandai s'il n'avait pas pitié de la bête qu'il allait frapper.

— Pourquoi avoir pitié ; il le faut bien, me répondit-il.

Mais, lorsque je lui dis qu'il n'est nullement nécessaire de manger de la viande, que ce n'est qu'une nourriture de luxe, il convint qu'en effet c'était regrettable.

— Mais que faire ? il faut bien gagner sa vie. Avant je craignais de tuer ; mon père, lui, n'a pas égorgé une poule de sa vie.

En effet, la majorité des Russes répugnent à tuer, ils ont pitié, et expriment ce sentiment par le mot « craindre ». Il craignait, lui aussi ; mais il a cessé ; il m'expliqua que la plus grande besogne tombe le vendredi et se continue jusqu'au soir.

J'ai eu récemment une conversation avec un soldat boucher, et lui aussi fut étonné de ma remarque que c'est pitié de tuer. Lui aussi répondit que c'est une habitude nécessaire ; mais finalement il en convint, en ajoutant :

— Surtout lorsque la bête est résignée, apprivoisée, comme elle marche, la pauvre, toute de confiance ; c'est grande pitié !

C'est horrible ! Horribles sont, non pas les souffrances et la mort des animaux, mais le fait que l'homme, sans aucune nécessité, fait taire en lui son sentiment élevé de sympathie et de compassion à l'égard d'êtres vivants comme lui et devient cruel en se faisant violence. Et combien est profonde dans le cœur de l'homme la défense de tuer l'être vivant !

Un jour que nous revenions de Moscou, des charretiers, qui allaient dans la forêt à la recherche des bois, nous prirent sur la route. C'était le Jeudi-Saint : j'étais assis sur le devant de la charrette à côté du charretier, fort, sanguin, grossier ; évidemment, un paysan porté à l'ivrognerie. En entrant dans un village, nous aperçûmes un cochon, un engraissé, tout rose, qu'on sortait d'une maison pour l'abattre : il criait d'une voix désespérée qui ressemblait à un cri humain ; juste au moment où nous passions devant, on commençait à le saigner. Un homme lui passa le couteau sur la gorge : le cri du cochon devint plus fort et plus aigu ; l'animal s'échappa tout ruisselant de sang. Je suis myope et je n'ai pas vu tout le détail : j'aperçus seulement un corps rose comme celui d'un homme, et j'entendis les cris désespérés. Le charretier, lui, voyait tout et regardait sans détourner ses regards. Le cochon fut rattrapé, renversé et achevé. Quand ses cris eurent cessé, le charretier poussa un profond soupir :

— Il n'y a donc pas de bon Dieu ? dit-il. Ce cri montre bien le dégoût profond qu'inspire à l'homme la tuerie. Mais l'exemple, l'encouragement de la voracité chez l'homme, l'affirmation que cela est admis par Dieu et surtout l'habitude conduisent les hommes à la perte complète de ce sentiment naturel.

C'était un vendredi. Je me rendis à Toula et, ayant rencontré un homme bon et sensible de mes amis, je le priai de m'accompagner.

— Oui, j'ai entendu dire que c'est très bien organisé, et j'aurais voulu voir, mais si on abat en ce moment, je n'irai pas.

— Et pourquoi ? c'est précisément cela que je veux voir ; si on mange de la viande, il faut voir aussi comment on l'abat.

— Non, non, je ne puis pas.

Et il est à remarquer que cet homme est chasseur et qu'il tue lui-même.

Nous arrivons. À l'entrée, on sentait déjà une odeur pénible, répugnante de putréfaction, comme celle de la colle forte d'ébéniste.

Plus nous avançons, plus cette odeur devient forte. Le bâtiment est en briques rouges, très grand, avec des voûtes et de hautes cheminées. Nous entrons par la porte cochère. A droite, une grande cour entourée d'une haie, environ un quart d'hectare ; c'est la place où deux jours par semaine on entasse le bétail vendu. À l'extrémité de cette cour se trouve la cabane du concierge. A gauche se trouvent deux hangars avec portes à ogives ; le parquet est en asphalte formant dos d'âne, et des appareils spéciaux sont installés pour suspendre l'animal tué.

Auprès de la cabane à droite étaient assis sur un banc six bouchers en tabliers maculés de sang, les manches également sanguinolentes retroussées sur leurs bras musclés. Leur travail est terminé depuis une demi-heure, de sorte que nous n'avons pu voir ce jour-là que le hangar vide. Malgré les portes ouvertes des deux côtés, on était pris à la gorge par une odeur fade de sang chaud ; le parquet était tout brun, luisant, et dans les caniveaux du parquet, du sang caillé restait.

Un des bouchers nous expliqua comment on abat et nous montra l'endroit où cette opération avait eu lieu. Je ne l'ai pas bien compris et je me suis fait une idée fausse, mais terrible de l'abattage ; je pensais, comme cela arrive souvent, que la réalité produirait sur moi une moins grande impression que celle de mon imagination, mais c'était une erreur.

La fois suivante, je suis arrivé aux abattoirs à temps ; c'était le vendredi avant la Pentecôte, par une chaude journée de juin ; l'odeur de colle forte, de sang, était encore plus accentuée qu'à ma première visite, le travail battait son plein ; le petit parc poudreux était rempli de bestiaux, et d'autres animaux se trouvaient également dans les hangars voisins de la salle d'abattage.

Dans la rue stationnaient des charrettes auxquelles des bœufs, des veaux, des vaches étaient attachés.

Des voitures attelées de bons chevaux, dans lesquelles étaient empilés des veaux vivants, la tête renversée, s'approchaient et étaient déchargées. D'autres voitures avec des bœufs abattus, les jambes faisant saillie et suivant le cahot de la voiture, avec leurs têtes inertes, les poumons rouges et le foie brun, sortaient de l'abattoir. Contre la haie se trouvaient les chevaux de selle appartenant aux marchands de bestiaux. Ces marchands, dans leurs redingotes longues, le fouet à la main, allaient et venaient dans la cour ou bien marquaient au goudron les bêtes qui leur appartenaient ; ils débattaient les prix et surveillaient le transport des bestiaux du parc dans le hangar et du hangar dans la salle d'abattage.

Tout ce monde était visiblement absorbé par les questions d'argent, et la pensée de savoir s'il est bon ou mauvais de tuer ces animaux était aussi loin d'eux que celle de la composition chimique du sang qui coulait sur le sol.

On n'apercevait aucun boucher dans la cour ; ils étaient tous au travail. Ce jour-là cent bœufs environ furent abattus.

J'entrai dans la salle d'abattage et je m'arrêtai près de la porte ; je m'y arrêtai d'abord, parce qu'a l'intérieur on était très à l'étroit à cause des animaux qu'on déplaçait et aussi parce que le sang gouttait d'en haut, éclaboussant tous les bouchers qui s'y trouvaient. Si j'étais entré, j'en eusse été couvert aussi.

Il y avait une bête qu'on décrochait, une autre qu'on glissait sur le rail, le troisième, un bœuf abattu, était couché les jambes blanches en l'air, et le boucher enlevait sa peau. Par la porte opposée à celle où je me trouvais, on faisait passer en même temps un grand bœuf rouge et gras ; deux hommes le traînaient. Il avait à peine franchi la porte qu'un des bouchers, armé d'une hache à long manche, le frappa au-dessus du cou. Comme si ses quatre pieds eussent été coupés en même temps, le bœuf tomba lourdement sur le ventre, puis, tout de suite, se retourna sur le côté et se mit à remuer convulsivement les jambes et les reins. Alors, un boucher se précipita sur lui, en se garant des jambes, le saisit par les cornes, et abaissa de force sa tête vers le sol, pendant qu'un autre boucher lui coupait la gorge ; et, de la blessure béante, le sang, d'un rouge noir, jaillissait en fontaine, recueilli dans un bassin de métal par un enfant tout éclaboussé de sang. Pendant tout ce temps, le bœuf n'avait pas cessé de tourner et de secouer sa tête, et d'agiter convulsivement ses jambes en l'air. Cependant le bassin s'emplissait rapidement, mais le bœuf était encore vivant, il continuait de battre l'air avec ses pieds, si bien que les bouchers avaient soin de se tenir à l'écart. Aussitôt que le bassin de métal fut rempli, le jeune garçon le mit sur sa tête et l'emporta à la fabrique d'albumine, pendant qu'un autre enfant apportait un autre bassin qui commença de s'emplir à son tour ; mais le bœuf continuait à ruer désespérément. Dès que le sang cessa de couler, le boucher souleva la tête du bœuf et se mit à le dépouiller de sa peau ; l'animal se débattait toujours. La tête était mise à nu, devenue rouge avec des veines blanches et prenait la position que lui donnaient les bouchers. La peau pendait des deux côtés, le bœuf ne cessait de se débattre. Un autre boucher saisit alors le bœuf par la jambe, la cassa et la lui trancha : sur le ventre et sur les autres jambes couraient encore des convulsions ; puis on lui coupa les membres restants et on les jeta dans le tas où étaient les jambes des autres bœufs du même propriétaire. Puis on traîna l'animal abattu vers la poulie et on le pendit. Alors seulement la bête ne donna plus signe de vie.

C'est ainsi que je regardai de la porte et que je vis abattre un deuxième, un troisième et un quatrième bœuf. Pour tous on procéda de même ; de même la tête ôtée avec la langue pincée par les dents et le derrière tressaillant ; la différence ne consistait qu'en ce que l'abatteur ne frappait pas juste de la première fois à l'endroit qui faisait tomber l'animal ; il arrivait que le boucher manquait le coup : le bœuf se cabrait, mugissait et inondé de sang, cherchait à s'arracher des mains du boucher. Alors on l'entraînait sous la poutre d'équarrissage, on frappait une seconde fois et il tombait.

Je fis le tour et je m'approchai de la porte opposée par laquelle entraient les animaux ; ici je vis répéter la même chose, seulement de plus près et par suite plus nettement. J'y ai vu surtout ce que je n'ai pas pu voir de l'autre porte : le moyen par lequel on forçait les animaux à rentrer. Chaque fois qu'on prenait un bœuf dans le hangar et qu'on le traînait à l'aide d'une corde attachée aux cornes, le bœuf, sentant le sang, s'arcboutait parfois, mugissait et reculait ; deux hommes n'auraient pas pu le traîner par la force ; c'est pourquoi, chaque fois, l'un des bouchers s'approchait, prenait le bœuf par la queue et la tournait en lui cassant le cartilage ; l'animal avançait.

Lorsqu'on eut fini l'abattage des bœufs d'un propriétaire, on recommença la même opération pour un autre.

Le premier animal de cette nouvelle bande était un taureau, beau, robuste, noir avec des taches blanches et les jambes complètement blanches, un animal jeune, musclé, énergique. On tira la corde, il baissa la tête et s'arrêta avec décision ; mais le boucher qui marchait derrière, comme un mécanicien qui se saisit du manche du soumet, saisit la queue, la tourna, le cartilage craqua et le taureau se jeta en avant, jetant par terre les gens qui le tenaient par la corde, et s'arrêta de nouveau regardant de côté de son œil noir plein de feu ; mais de nouveau la queue craqua ; le taureau se jeta en avant et se trouva, cette fois là où il fallait ; l'abatteur s'approcha, ajusta et frappa ; le coup mal porté, le taureau bondit, agita fortement la tête, mugit, et tout en sang s'arracha et se jeta en arrière. Tous ceux qui se trouvaient à la porte s'écartèrent vivement ; mai, les bouchers habitués, avec leur bravoure acquise par le danger, saisirent vivement la corde, puis firent de nouveau marcher la queue, et de nouveau le taureau se trouva dans la salle où on le traîna la tête sous la poutre d'équarrissage ; il ne lui fut plus possible de s'échapper. L'abatteur ajusta rapidement l'endroit où les poils se séparent en rayons d'étoile et, malgré le sang, le trouva, frappa, et la jolie bête pleine de vie s'abattit en se débattant de la tête, des jambes pendant qu'on le saignait et qu'on lui enlevait la peau.

— Ah ! le diable pour tomber ; il n'est même pas tombé où il fallait, — grognait le boucher en coupant la peau de la tête.

Cinq minutes après, la tête noire était rouge, sans peau, les yeux vitreux, ces mêmes yeux qui brillaient d'une si belle couleur il y avait cinq minutes à peine.

Puis je me rendis à l'endroit où on abat le petit bétail ; c'était une très grande pièce avec le sol en asphalte et des tables avec dossiers sur lesquelles on égorge les moutons et les veaux. Le travail était achevé ici dans la longue pièce tout imprégnée d'odeur de sang ; seuls deux bouchers s'y trouvaient. L'un soufflait dans la jambe d'un mouton tué et frottait de sa main le ventre gonflé de l'animal ; l'autre, un jeune gars en tablier maculé de sang, fumait une cigarette. Je fus suivi d'un homme qui paraissait un soldat en retraite et qui apportait un petit mouton d'un jour, noir, avec une marque au cou, les jambes nouées, et le plaça sur une table comme sur un lit. Le soldat qui, visiblement, était familier de l'endroit, souhaita le bonjour et lia conversation au sujet d'un congé à demander au patron. Le jeune garçon à la cigarette s'approcha, le couteau à la main, l'affûta sur le bout de la table et répondit qu'on avait congé les jours de fête. Le mouton vivant restait aussi immobile que le mort gonflé, avec cette différence qu'il agitait vivement sa courte queue et que ses flancs se soulevaient plus rapidement que d'ordinaire. Le soldat, sans effort, appuya la tête du jeune animal contre la table. Le jeune boucher, tout en continuant à parler, prit de sa main gauche la tête du mouton et lui trancha la gorge.

Le mouton s'agita, sa petite queue devint raide et cessa de remuer. Le boucher, pendant que le sang sortait, ralluma de nouveau sa cigarette. Le sang coula et le mouton s'agita de nouveau ; la conversation continuait, sans s'interrompre un instant.

Et les poules, de jeunes poulets qui, par milliers, chaque jour dans les cuisines, les têtes coupées, inondés de sang, sursautent, battent des ailes avec un comique terrible !

Et cependant la dame au cœur sensible mange ce cadavre de volatile avec une complète assurance de son droit en affirmant deux opinions qui se contredisent : la première, qu'elle est si délicate, comme l'assure le docteur, qu'elle ne pourrait pas supporter une nourriture exclusivement végétale, et qu'il faut à son faible organisme de la viande ; la seconde, qu'elle est si sensible, qu'il lui est impossible non seulement à elle-même de causer des souffrances à des animaux, mais qu'elle ne supporte même pas la vue de ces souffrances.

En réalité ; cette pauvre dame est faible, précisément parce qu'on l'a habituée à se nourrir d'aliments contraires à la nature humaine ; et elle ne peut pas ne pas causer de souffrances aux animaux, par ce simple fait qu'elle les mange.

X

On ne peut pas feindre de ne pas le savoir, nous ne sommes pas des autruches ; nous ne pouvons pas croire que si nous ne regardons pas, il n'arrivera pas ce que nous ne voulons pas voir. C'est encore plus impossible que de ne pas vouloir voir ce que nous mangeons.

Et encore, si c'était nécessaire, ou tout au moins utile ; mais non, à rien. Cela ne sert que pour développer des sentiments bestiaux, la lubricité, la luxure, l'ivrognerie.

Cela est confirmé constamment par ce fait que les jeunes gens, bons, purs, surtout les femmes et les jeunes filles, sentent, sans se rendre compte comment l'un découle de l'autre, que la vertu ne s'accorde pas avec le bifteck, et qu'aussitôt qu'ils veulent devenir bons, ils abandonnent la nourriture animale.

Que veux-je prouver ? Serait-ce ce fait que les hommes, pour devenir bons, doivent cesser de manger de la viande ? Nullement.

Je veux seulement démontrer que, pour arriver à mener une vie morale, il est indispensable d'acquérir *progressivement* les qualités nécessaires, et que, de toutes les vertus, celle qu'il faudra conquérir avant toute autre, c'est la sobriété, la volonté de maîtriser ses passions : entendant à l'abstinence, l'homme suivra nécessairement un certain ordre défini, et, dans cet ordre, la première vertu sera la sobriété dans la nourriture, le jeûne relatif.

Et s'il cherche sérieusement et sincèrement la voie morale, la première dont l'homme se privera sera la nourriture animale ; car, sans parler de l'incitation aux passions produites par cette nourriture, son usage est tout simplement immoral, car il exige une action contraire au sentiment de moralité — l'assassinat — et il n'est provoqué que par la gourmandise, la voracité.

Et pourquoi la privation de la nourriture animale sera-t-elle la première étape vers la vie morale.

Il y est excellemment répondu dans ce livre, et non pas par un seul homme, mais par toute l'humanité en la personne de ses meilleurs représentants, durant toute l'existence, depuis l'âge de raison de l'humanité.

Mais pourquoi, si l'illégitimité, c'est-à-dire l'immoralité d'une nourriture animale, est connue depuis si longtemps de l'homme, n'est-on pas arrivé encore jusqu'ici à la conscience de cette loi ? — demanderont des gens qui jugent plutôt d'après l'opinion courante que d'après leur raison. La réponse en est dans ce fait que le mouvement moraliste, qui constitue la base de tout progrès, s'accomplit toujours lentement, et que l'indice de tout véritable mouvement est dans son caractère de perpétuité et dans sa constante accélération.

Tel est le mouvement végétarien ; ce mouvement est exprimé aussi bien par tous les écrits qui composent ce livre que par l'existence même de l'humanité, laquelle tend de plus en plus, sans qu'elle en ait conscience, à passer de la nourriture animale au régime végétal, et ce mouvement se manifeste avec une force particulière et consciente dans le végétarisme, qui prend de plus en plus d'extension. Chaque année, le nombre de livres et de revues traitant ce sujet s'accroît de plus en plus.

On rencontre de plus en plus souvent des hommes qui renoncent à la nourriture animale, et, chaque année, surtout en Allemagne, en Angleterre et en Amérique, le nombre des hôtels et auberges végétariens augmente de plus en plus.

Ce mouvement doit particulièrement réjouir les hommes qui cherchent à réaliser le royaume de Dieu sur la terre, non pas parce que le végétarisme par lui-même est un pas important vers ce royaume, mais parce qu'il est l'indice que la tendance vers la perfection morale de l'homme est sérieuse et sincère, car cette tendance implique un ordre invariable qui lui est propre et qui commence par la première étape.

On ne peut que s'en réjouir, et cette joie est comparable à celle que doivent éprouver des hommes qui, voulant atteindre l'étage le plus élevé d'un édifice, auraient songé tout d'abord à escalader le mur, et qui s'apercevraient enfin que le plus simple moyen est encore de commencer par la première marche de l'escalier.

Deuxième Partie

L'alimentation et le luxe

(Critique de Charles Richet)

I

Le grand écrivain russe Léon Tolstoï, s'est attaqué hardiment aux idoles (ou aux plaisirs) que les hommes vénèrent (ou préfèrent) le plus, et il a été jusqu'au bout de sa pensée, avec son audace et sa verve accoutumées.

Nous n'avons pas la prétention de lui répondre ; quelques pages ne suffiraient pas ; et d'ailleurs, sur bien des points, nous partageons trop ses idées pour le combattre. Nous voudrions seulement traiter le même sujet que lui, en nous plaçant à un point de vue un peu plus étroit. À vrai dire, quel que soit le talent de Tolstoï, le sujet n'est pas épuisé, sujet tellement vaste, qu'il peut prêter à des développements sans fin. Peut-être jugera-t-on que, même après son admirable écrit, il reste encore quelque chose à dire.

Au fond, la thèse que soutient le célèbre philosophe n'est pas simple ; elle se compose de trois parties assez dissemblables qui peuvent, je pense, se formuler ainsi :

1) Le luxe est mauvais ;

2) Notre alimentation est trop abondante ;

3) Il faut remplacer notre alimentation animale par une alimentation végétale.

Voyons ce qu'on peut dire de ces trois propositions.

II

D'abord il est très difficile de dire où cesse le luxe et où il commence. On se souvient que Diogène, ayant vu un voyageur boire dans le creux de sa main l'eau du ruisseau, jeta soudain son écuelle, qu'il dut dès lors considérer comme un meuble inutile. Cette pauvre écuelle était tout son avoir : elle était pourtant déjà du luxe ; mais ce luxe n'était pas immodéré.

Si l'on prenait au pied de la lettre ce que dit Tolstoï, tout ou presque tout dans notre existence serait du luxe. Même les choses qui nous semblent les plus nécessaires sont du luxe, comme, par exemple, le pain blanc, la viande fraîche, le linge propre et le savon. En effet, bien des êtres humains vivent sans pain blanc, sans viande fraîche, sans linge propre et sans savon.

Il est clair qu'en soi le luxe du pain blanc n'est pas mauvais ; on ne peut regarder comme un méchant homme celui qui préfère le pain blanc au pain noir. Cependant, d'après l'autour russe, le luxe en général, et le luxe du pain blanc on particulier, sont mauvais pour deux raisons ; d'abord parce qu'ils efféminent celui qui en use, en second lieu parce que c'est une chose immorale que de manger du pain blanc, alors qu'il y a quantité de misérables — nos semblables — qui meurent de faim, n'ayant pas de pain, même noir, à manger.

Le premier argument, quoique moins grave que le second, ne laisse pas que d'être assez sérieux. Personne ne niera que la vie facile et luxueuse, faite aux riches par les progrès incessants de l'industrie, les dispose assez mal aux privations et à l'austérité. Le manteau de Marc-Aurèle ne me suffirait pas, hélas ! pour passer une bonne nuit, et probablement beaucoup de nos lecteurs seraient dans le même cas. Combien utile cependant de pouvoir dormir sur la dure, tout habillé, sans autre abri qu'un manteau. Certes, s'il le fallait, je me résignerais à ce manteau ; je mangerais du pain noir et je me passerais de savon. Mais la civilisation m'a tellement corrompu que je trouverais très désagréable, ou du moins peu agréable, cette nouvelle existence.

Pourtant, je l'avouerai franchement, je ne vois pas bien le besoin de revenir en arrière, de supprimer le luxe qui m'entoure. Car je me rends bien compte que, si je le voulais, dans telle ou telle circonstance donnée, service militaire, voyage, pari, nécessité, etc., je pourrais en un instant abolir ce luxe du pain blanc, du lit moelleux et du savon. L'*effémination*, produite par le bien-être, ne m'a pas, je pense, envahi à ce point que cette suppression me rendrait malade. Même, à ce qu'il me semble, d'après une expérience faite il y a quelques années dans le cours d'un voyage lointain, en pays tout a fait sauvage, j'ai perdu très vite la notion du luxe consistant dans ces trois éléments qui paraissent indispensables quand on vit à la ville : le pain blanc, le lit et le savon ; et j'étais étonné de voir avec quelle facilité j'acceptais cette privation.

Mais passons rapidement, et arrivons au second argument, qui est l'argument fondamental, à savoir que le luxe est coupable parce qu'il est des malheureux privés du nécessaire.

Et de fait c'est un spectacle scandaleux que le contraste entre certaines existences misérables et d'autres existences luxueuses. Je ne crois vraiment pas qu'en puisse trouver de phénomène plus lamentable, indiquant mieux l'état précaire et imparfait de notre constitution sociale. Tout ce qu'en peut dire à cet égard est encore moins triste que la triste vérité.

Toutefois la misère n'est à plaindre que si elle est imméritée ; par exemple celle des petits enfants, ou des femmes, ou encore celle des hommes qui ne peuvent pas trouver de travail, ou encore, — ce qui est, je crois, le cas le plus fréquent, — celle des ouvriers, de la ville ou de la campagne, dont le salaire est insuffisant. Mais heureusement, si profondes que soient certaines misères, en France, en Angleterre, en Amérique, en Allemagne, elles ne vont pas jusqu'à la mort par inanition, et ce n'est guère qu'en Russie et en Asie que la faim fait des victimes. Hélas ! c'est beaucoup trop encore ; et il me semble bien vrai que tout homme de cœur doive en garder comme un secret remord plein d'angoisse.

Cependant nous pouvons, dans une certaine mesure, dire qu'en général nul ne meurt de faim par défaut de travail, et que la différence entre les classes diverses — au moins dans l'Europe occidentale — consiste en ce qu'il y a d'une part un luxe souvent très grand, et d'autre part seulement le strict nécessaire.

Évidemment le très grand luxe est absurde, surtout quand il détruit des objets utiles à la vie des autres. Prendre un bain de lait pour se faire une peau douce et parfumée, c'est sans doute une monstruosité ; car ces cent litres de lait auraient porté le bien-être, et presque la santé, dans cinquante familles pauvres. Mais je ne connais guère d'exemples de ces bains de lait, et tous les luxes ne sont pas aussi absurdes.

Qu'il me soit donc permis d'en défendre au moins quelques-uns parmi ceux que Tolstoï attaque énergiquement.

Par exemple il s'indigne que le matin on ait du pain frais, des vêtements brossés, des souliers cirés, le journal apporté, une lampe allumée ; bref, que toutes les petites douceurs de la vie aient été distribuées au riche par ses serviteurs. Mais est-ce un mal ?

Il semble que Tolstoï n'ait pas tenu compte de ce qu'on a justement appelé la *division du travail*, dont le principe doit être envisagé comme la base de notre état social. Certes nous ne sommes pas arrivés à la perfection. Hélas ! ce serait une sanglante ironie que de le dire ! Mais on peut prendre cette division du travail comme le point de départ de notre organisation sociale, une sorte d'idéal dont nous nous approchons plus ou moins.

Supposons une société composée de gens appartenant à plusieurs professions, dont quelques-unes sont tout à fait des professions de luxe : le laboureur, le boulanger, le mineur, le coiffeur, le blanchisseur, le médecin. Le laboureur ensemencera et cultivera la terre, le boulanger fera cuire le pain, le mineur extraire du sol le charbon qui chauffe les cheminées et les poêles. Mais pourquoi le laboureur, le boulanger et le mineur n'auraient-ils pas affaire à un coiffeur qui leur coupera les cheveux très longs, leur rasera la barbe inculte, leur vendra quelques savons et cosmétiques destinés à masquer l'odeur âcre du corps ? Pourquoi se priveraient-ils de ce luxe, au prix d'un épi de blé, ou d'un pain, ou d'un morceau de charbon de moins ? Pourquoi, s'ils veulent, laboureur, boulanger, mineur et coiffeur, avoir du linge blanc, ne s'adresseraient-ils pas au blanchisseur ? Et, enfin, pourquoi le médecin n'emploierait-il pas le travail du laboureur, du boulanger, du mineur, du coiffeur et du blanchisseur, quitte à leur en donner l'équivalent par les soins médicaux accordés à eux et à leur famille ?

Au lieu de payer ce travail en nature, ils le payent, les uns et les autres, par une somme d'argent qui en représente l'équivalent. C'est un procédé d'échange qui est plus commode et plus maniable que tout autre.

Mais, dit Tolstoï, pourquoi le coiffeur ? pourquoi le blanchisseur ? Pourquoi ce luxe, qui est certainement inutile ?

Eh bien, il me semble que c'est là le nœud de la question. Il s'agit, en effet, de savoir si ces douceurs de la vie sont un bien ou un mal.

Les progrès de la civilisation ont créé des besoins nouveaux, qui engendrent des industries nouvelles ; mais ces besoins nouveaux, au lieu d'être blâmables, me paraissent salutaires. (Laissons de côté, bien entendu, le luxe désordonné qu'on peut appeler du *gâchage*.) Je ne voudrais pas voir diminuer le luxe modéré de tant de braves gens. C'est une chose bien agréable que d'avoir du pain frais, le matin, et une chemise propre à mettre. Mais pourquoi tous les ouvriers n'auraient-ils pas ce luxe ? Est-ce donc chose impossible ? Beaucoup d'ouvriers anglais ont déjà un état de luxe et de *confort* très satisfaisant. Leur *home* est propre, sain et aéré ; leur linge est blanc ; leur nourriture, sinon succulente, est au moins saine et abondante. Grâce à la division du travail, l'ouvrier mineur peut avoir le luxe d'être rasé promptement, et de pouvoir mettre du linge blanc après qu'il est sorti de sa mine. En somme, le coiffeur et le blanchisseur travaillent pour lui, comme il travaille pour eus, et chacun, suivant son état et ses forces, tient sa place dans la société.

Vouloir que chacun soit forcé de semer le blé, de le faire cuire, d'aller fouiller dans la mine de charbon, de se couper les cheveux, de blanchir son linge et de soigner ses enfants malades, c'est admettre que chacune de ces besognes sera mal faite, ou, pour mieux dire, qu'elle ne sera pas faite du tout. C'est aller contre la civilisation, qui consiste précisément à donner au plus grand nombre la plus grande somme de luxe et de bien-être.

Supposons une petite société composée d'hommes ayant des droits égaux et le même patrimoine. Bien vite ils s'entendront pour que chacun ait sa fonction spéciale, en tâchant de se donner aux uns et aux autres le plus de luxe possible. Il y aura un coiffeur, un blanchisseur, un cuisinier, un cocher, des laboureurs, des mineurs, des pêcheurs, et chacun connaîtra son métier d'une manière plus habile que s'il était forcé de faire tout à la fois. C'est ainsi que les choses se passent dans un régiment, qui constitue une petite société très égalitaire.

On ne peut pas prétendre qu'il s'agisse là d'un esclavage ; car enfin tout homme doit être considéré comme forcé de travailler. À ce point de vue il est vraiment esclave ; c'est une loi naturelle, très dure, mais à laquelle il faut bien se soumettre.

Tout homme doit travailler pour vivre : voilà un axiome fondamental qui est à l'origine de toute société.

Certains métiers sont assurément plus doux que d'autres ; le laboureur n'a pas grand'chose à faire en hiver ; mais le temps du labour est très rude.

Le blanchisseur fait en hiver un métier très pénible ; le cuisinier lui-même, alors que les autres se reposent de leur journée, est forcé de les servir. Puis, le soir venu, l'acteur, qui n'a pas grand'chose pendant le jour, est forcé, pendant toute la soirée et une partie de la nuit, de faire rire les gens, qui, ayant travaillé jusque-là, veulent se délasser le soir. Chacun a sa part de travail : c'est un esclavage sans doute, mais au moins c'est un esclavage commun à tous les hommes.

Il est vrai que, dans l'organisation sociale actuelle, certains individus, véritables parasites, sans travailler, profitent de toutes les jouissances du luxe. C'est une anomalie ; c'est même, si l'on veut, une monstruosité, contre laquelle, non sans raison, les socialistes se sont toujours élevés. Mais il est clair que bientôt — par quelles voies, nous ne le savons guère — ce mal sera diminué. Il arrivera sans doute un moment où, par la restriction croissante du revenu, comme aussi par l'établissement, devenu nécessaire, d'un impôt progressif sur l'héritage, ces parasites ne pourront plus exister, si bien que forcément il n'y aura plus de parasites ni d'oisifs.

Mais la suppression des parasites ne sera pas, fort heureusement, la suppression du luxe.

Si l'on cherche à pénétrer le sens vrai de ce mot complexe qu'on répète si souvent sans le comprendre, c'est-à-dire du mot *civilisation*, on voit qu'elle consiste à accroître le luxe de chacun. Par exemple c'est un luxe que de pouvoir boire de l'eau bien pure, bien limpide, bien privée de germes nocifs. Par des moyens divers, je suis arrivé à ne boire chez moi que cette eau saine, irréprochable. Pourquoi voudrait-on me faire boire de l'eau croupie, sous prétexte que de pauvres diables boivent de l'eau infecte ? Ce n'est pas la conclusion à laquelle j'arrive. Je tâcherai non pas de boire de l'eau croupie, mais de faire en sorte que les pauvres diables en question puissent boire comme moi de l'eau parfaitement saine. Si j'ai du linge propre et un lit confortable, je n'irai pas mettre du linge sale et coucher sur la dure ; je m'efforcerai de donner à tous mes concitoyens du linge propre et un lit confortable.

Donc ce n'est pas la diminution du luxe qui est à désirer, mais son extension. C'est tout le contraire de ce que prétend Tolstoï. *Le luxe est un progrès, le luxe est un bienfait*. Il ne devient mauvais que s'il est ridiculement exagéré, et s'il échoit à des gens qui ne le méritent pas, n'ayant pas travaillé par eux-mêmes à le conquérir.

Tolstoï, quelque part, semble trouver mauvais qu'on porte un lorgnon. Mais, si la vue est défectueuse, n'est-ce pas un progrès que de savoir corriger par des verres les défauts de la vision ? Les opticiens qui construisent les lunettes sont des ouvriers de luxe, puisque aussi bien il est possible de vivre sans lunettes, même quand on est très myope ou très presbyte. Mais, quoiqu'un myope puisse vivre sans lunettes, il vaut mieux, pour lui et pour les autres, avoir de bonnes lunettes. Cela ne fait de mal à personne ; et le vrai progrès me semble consister à pouvoir fabriquer — comme cela se fait aujourd'hui — des lunettes à bon marché, de manière que chaque personne, dont la vue est mauvaise, puisse la corriger en achetant de bonnes lunettes.

La montre était jadis un objet de luxe. Grâce aux progrès de la fabrication, elle est devenue un objet usuel, qui ne coûte presque plus rien. Il y a cinquante ans, on donnait une montre comme présent de noces ; c'était un grand luxe, permis à quelques privilégiés ; tandis qu'aujourd'hui il n'y a pas d'ouvrier qui n'ait une montre, car il suffit d'économiser 6 ou 8 francs pour en avoir une. Il y a quelques jours, je voyais un petit ouvrier de quatorze ans, du port de Toulon, qui marchait pieds nus dans la poussière, n'ayant pour tout vêtement qu'une chemise et un pantalon rapiécé. Eh bien, il avait une montre. Et cet objet, qui était jadis de grand luxe, lui était aujourd'hui plus facile et plus nécessaire qu'une jaquette et des souliers ; car la douceur du climat permet, là-bas, de vivre, au moins en été, presque sans vêtements.

Un moment viendra ou tous les objets qui nous paraissent objets de luxe deviendront, par suite du progrès général dans le raffinement de la civilisation, des objets de première nécessité. Il y a un siècle ou deus, on ignorait l'usage des assiettes, des fourchettes, des cuillers. Quel est aujourd'hui le ménage le plus pauvre qui ne possède ni assiettes, ni fourchettes, ni cuillers ?

Même le luxe des fleurs commence à être donné à chacun. J'ai vu des ménages d'ouvriers ou de paysans, ménages très humbles, où, dans un pot de porcelaine, étaient placées quelques fleurs des champs.

Au fond, le bien-être, — avec luxe qui n'est que le bien-être développé, — est une bonne, une excellente chose.

Revenir à l'état de nature, se nourrir d'herbes et de racines, laisser la vermine courir sur le corps, sans la culture d'aucun art et d'aucune science, sans les charmes d'un ameublement commode, sans les instruments perfectionnés que l'industrie nous fournit à si bon compte, ce serait un grand malheur. Mais nous n'en sommes point menacés, car notre état social prend une direction contraire.

Notre idéal est en avant et non pas en arrière. Nous voulons donner à tous les hommes le luxe et le bien-être que notre civilisation raffinée a su déjà donner à quelques-uns. Il ne s'agit pas de supprimer le nôtre.

III

Si nous passons à la seconde partie du travail de Tolstoï, spécialement relative à notre alimentation, nous voyons que le grand psychologue russe envisage les mœurs des classes sociales élevées à doux points de vue assez différents.

Il trouve d'abord que notre alimentation nous préoccupe trop, et ensuite qu'elle est trop abondante. Sur les deux points il est évident, psychologiquement et physiologiquement, qu'il a tout à fait raison.

Que nous parlions trop souvent des dîners ; que nous avons faits et de ceux que nous devons faire, cela est bien clair. Mais, quoique cela soit bien sot, ce n'est peut-être pas un grand crime. C'est un défaut de bon goût, un manque de tact, une absence d'élévation intellectuelle, que je ne puis approuver, et que personne assurément n'approuvera. Il est ridicule de parler des dîners qu'on va faire et des plats qu'on a devant soi. Tout au plus peut-on préférer *in petto* un bon plat à un mauvais plat, car l'un et l'autre coûtent le même prix ; et il n'y a aucun profit pour les misérables que je mange une soupe trop salée, ou un rosbif pas assez cuit. Cependant c'est un manque de bonne éducation que d'insister sur les détails culinaires et d'en prendre quelque inquiétude. Harpagon avait bien raison de dire qu'il faut manger pour vivre, et non pas vivre pour manger. C'est là une proposition si simple que toute discussion est superflue.

Pourtant, il ne faudrait pas être trop exclusif et trop sévère dans son jugement. Si nous n'envisagions que la morale naturelle, nous verrions que tout animal, quel qu'il soit, a un souci fondamental, auquel tous les autres sont subordonnés : c'est le souci de sa nourriture. À ce point de vue, l'homme est un vrai animal, et il ne peut guère faire autrement, étant soumis aux mêmes lois physiologiques que tous les animaux de la création. Il suffit de consulter les récits militaires authentiques, écrits au jour le jour, suivant les hasards du bivouac, — et on en publie tant aujourd'hui, qu'ils commencent à former une petite littérature toute spéciale — et on verra quelle place importante, prépondérante, presque exclusive, tient le souci du dîner et du déjeuner. C'est pour chacun de ces braves gens, qu'ils écrivent en anglais, en français ou en allemand, la préoccupation primordiale. Ils se rappellent les villes qu'ils ont traversées, les campagnes qu'ils ont menées, non d'après des victoires ou des revers, non même d'après des dangers courus et victorieusement surmontés, mais d'après les ripailles, les bombances qu'ils ont faites.

Après tout, qui oserait dire que cette préoccupation les empêchait d'être des héros ? Les dieux mêmes d'Homère se réjouissaient devant les énormes morceaux de venaison qu'on leur servait ; et le Valhalla n'est qu'un paradis où l'on mange à satiété.

Il n'importe : c'est un pas fait en avant dans la moralité personnelle, individuelle, que d'avoir un certain dédain pour la bonne chère, et c'est faire preuve, non d'une âme vile, mais d'un esprit étroit, que de s'intéresser aux mets qui constituent nos repas. L'idéal des animaux ne doit pas être l'idéal de l'homme, et nous devons mettre le but de notre vie plus haut que la mastication de tel ou tel plat, plus ou moins succulent.

Et cependant, lorsque, après une journée laborieuse, le père de famille se retrouve au milieu des siens, quand des amis qui ne se sont pas vus depuis longtemps se rassemblent pour causer gaiement, un certain luxe de table ne me parait pas criminel. Repos et repas vont ensemble. J'admire, comme il convient, l'ascétisme et la frugalité de certains mystiques célèbres, anachorètes ou autres ; mais je ne porterai pas de jugement sévère sur le paysan qui se réjouit de pouvoir, certain dimanche, mettre la poule au pot, petite récompense du travail écrasant qu'il a accompli. Les hommes ne sont pas des anges, et, si on leur enlève ce petit espoir qu'un joyeux dîner suivra le labeur du jour, il est à craindre que le labeur du jour n'en pâtisse.

Arrivons maintenant à la seconde partie de l'argumentation de Tolstoï : « Tous, dit-il, nous mangeons trop. » Eh bien, franchement, et sans restriction aucune, il a raison.

D'abord, nous mangeons plus que notre faim. Il suffit, pour s'en convaincre, de remplacer par un mauvais dîner le bon dîner que nous faisons d'habitude. Croit-on que dans les deus cas notre consommation alimentaire sera la même ? Que l'on nous donna à manger un pain blanc, frais, succulent, aussi délicat qu'une brioche, ou bien du pain rassis, bis, à moitié noir, et on verra la différence de la quantité consommée dans l'un et l'autre cas. Peut-on nier que sur les deus ou trois plats (ou quatre, ou même cinq, ou même six) que nous avons à notre table, il y en ait plus d'un ou deus qui soient nécessaires ? Une fois que nous avons fini le second plat, voire même, si l'on veut, le troisième, nous ne mangeons plus que par gourmandise et goinfrerie.

Et, il faut bien le dire, c'est comme une conspiration universelle pour nous pousser à cet abus. Essayez de dire qu'un plat suffit à notre faim, et tout le monde s'indignera. On sera traité de fou, d'utopiste, de rêveur. Chacun se sentira blessé dans sa propre gloutonnerie, et on n'aura pas assez de railleries pour l'impudent qui cesse de manger quand la faim est apaisée, en dépit des plats succulents qu'on lui présente.

Si nous comparions la quantité d'aliments qui suffit à un paysan et celle qui est nécessaire à un riche, nous serions tentés de dire que ce sont deux êtres d'espèce différente. Un pêcheur se contente d'un morceau de pain avec un peu de fromage, et le touriste qui accompagne le pêcheur emporte tout un attirail de cuisine, non que la nécessité physiologique soit plus impérieuse pour lui que pour le pêcheur ; mais il a pris l'habitude de manger au delà de sa faim, et de ne quitter la table que quand il lui est matériellement impossible de manger davantage.

L'Arabe qui accompagne le voyageur sportif en excursion dans le désert se contente d'un peu de pain dur et de quelques dattes ; et ce n'est pas sans un certain mépris qu'il considère les paniers de provisions, les boîtes de conserves et autres ingrédients innombrables que le sportsman se croit forcé d'emporter avec lui, sous peine de mourir de faim.

Cet excès d'alimentation est absurde, et, au point de vue de la santé et de la vigueur physique, nous devons tous, les uns et les autres, réformer courageusement nos mœurs. Après un repas trop copieux, tout travail devient impossible. La dilatation de l'estomac, les maladies du foie, la goutte, le diabète, l'obésité, et quantité d'autres maladies, sont la conséquence immédiate de l'abus de nourriture.

Les physiologistes ont mesuré exactement la quantité d'aliments nécessaire et suffisante à l'homme ; et ils ont trouvé que, pour une journée de vingt-quatre heures, 125 grammes de viande suffisent à un adulte, avec 500 grammes de pain, 300 grammes de pommes de terre et 50 grammes de beurre et de fromage. Voilà évidemment une alimentation très substantielle et qui pourrait suffire à chacun de nous. Pourtant journellement chacun de nous dépasse cette limite, au grand détriment de sa santé.

Nous pouvons hardiment affirmer que nous mangeons *trois fois* plus qu'il n'est nécessaire. Quoique étant à peu près convaincu que je ne serai pas écouté, je prierai volontiers chacun de mes lecteurs de faire sur lui-même cette petite expérience. Qu'il supprime un des plats de son déjeuner et un des plats de son dîner, qu'il s'habitue lui-même, et qu'il habitue les siens (ce ne sera pas chose facile), à cette suppression, et il sentira bientôt tout le bénéfice de ce nouveau régime. Plus de digestions laborieuses, avec la mauvaise humeur qu'elles entraînent. A l'heure de chaque repas, un appétit robuste qui fera trouver exquis les mets présentés.

Nous devrions prendre modèle sur les paysans, laboureurs, pêcheurs, gens du peuple, qui mangent peu, non certes par sobriété, mais par économie. Au bout de quelques semaines de ce régime salubre et fortifiant, nous serions pleinement convaincus que notre manière de vivre est absurde, et que tous nous péchons par gourmandise, mangeant trois fois plus que nous n'avons besoin de manger.

IV

Il nous reste à voir si, comme le veut Tolstoï, l'alimentation végétale est préférable à l'alimentation animale.

Prenons d'abord le côté qu'on pourrait appeler *sentimental* de la question. Certes rien n'est plus hideux qu'un abattoir. Tuer un être jeune, vaillant, plein de vie, que ce soit un lièvre, un poulet, un mouton ou un bœuf, c'est une action qui semble cruelle et inhumaine, et le tableau saisissant que nous donne Tolstoï de la mort du taureau est encore au-dessous de la réalité, quelque vive qu'en soit la peinture.

Mais laissons l'élément dramatique, et voyons ce qui au fond doit être en jeu au point de vue sentimental, c'est-à-dire la douleur de l'animal égorgé.

Eh bien, il semble que cette douleur est presque réduite à un minimum. Après tout, ce taureau devait mourir un jour! Il n'était pas éternel, et, si on lui avait laissé la vie, il aurait fini par succomber à la vieillesse ou à la maladie. Mais après quelle longue et douloureuse agonie ! La Nature, quand elle fait mourir un de ses enfants, ne lui épargne aucune souffrance. Elle est sans pitié, prolongeant les affres de la fin pendant des heures, parfois pendant des jours entiers, et faisant précéder cette fin inévitable par une longue et dure maladie. À tout prendre, cette mort rapide, violente, qui fait en quelques secondes disparaître la conscience ; est un bienfait ; et moi, qui aurai sans doute, comme la plupart des hommes, à attendre une mort lente et pénible, j'envierai, hélas! sur mon lit de douleur cette fin rapide qui prend l'être en pleine force et qui anéantit sa conscience par un coup soudain, sans amener l'anéantissement final à la suite d'une longue série de douleurs savamment ménagées et progressives.

C'est être humain pour les animaux que de les tuer vite et bien. S'il y a cruauté de l'homme, c'est surtout dans le plaisir de la chasse ; car beaucoup d'animaux estropiés, blessés, échappent au chasseur, pour aller mourir dans un trou, après de longues heures d'effroi et de souffrance. Mais, à l'abattoir, la mort est prompte, et on peut dire qu'elle est douce.

Ainsi, pour ce qui est de l'animal, on ne peut dire que nous soyons vraiment cruels en les sacrifiant pour en faire notre nourriture.

Reste la question de savoir si l'alimentation animale est nécessaire. Sur ce point, Tolstoï a absolument raison. Non, mille fois non, cette alimentation n'est pas nécessaire. Tous les faits le prouvent, et c'est l'ABC de la physiologie. Les herbivores sont des êtres comme nous, ayant mêmes lois physiologiques de nutrition, de chaleur et de respiration, et ils ne meurent pas de faim, que je sache, quoiqu'ils ne consomment pas de viande.

On peut même dire que pour l'homme l'alimentation animale est l'exception. Les Hindous, les Arabes, les Chinois, les paysans de beaucoup de régions de l'Europe se contentent de riz, de dattes, de farines, de légumes, de fruits. Si à ces aliments ils joignent le lait, les œufs, le beurre et le fromage, ils ont alors une alimentation parfaitement suffisante. Chimistes et physiologistes sont d'accord pour dire que dans le pain, les pois, les haricots, il y a bien assez d'azote pour la nutrition. Le fromage est, de toutes les substances alimentaires, celle qui, sous le plus petit volume, contient le plus d'azote. Aux premiers âges de la vie, tout mammifère n'a pour nourriture que du lait ; et pendant un an ou deux, non seulement cette nourriture lui suffit, mais encore toute autre lui est funeste.

La question est donc jugée définitivement. On peut vivre et bien vivre sans manger de viande.

Mais cette proposition, si absolue qu'elle soit, n'entraîne nullement cette conséquence que l'alimentation animale doit être abandonnée.

En effet, il peut y avoir pour l'homme quelque avantage à manger de la viande, quoique la viande ne soit pas indispensable. C'est l'opinion adoptée, avec raison, croyons-nous, par la majorité des physiologistes.

Le lait, le fromage, associés aux farines, aux fruits et aux légumes suffisent amplement à la vie. Mais cette alimentation a l'inconvénient d'employer une grande masse alimentaire, et, par conséquent, de nécessiter un travail digestif plus laborieux que si une petite quantité de viande y était ajoutée. 100 grammes de pain contiennent à peu près 1 gramme d'azote (en chiffres ronds), tandis que 100 grammes de viande contiennent 3 grammes d'azote. Par conséquent, au point de vue de la nutrition en azote, il faudrait ingérer trois fois plus de pain que de viande. Si nous éliminions la viande de notre alimentation, la ration de pain s'élèverait de 500 à 1,000 grammes. Certes, la digestion de ce kilogramme de pain finirait par se faire ; mais elle exigerait un travail supplémentaire des forces digestives, travail lent et pénible, avantageusement remplacé par la substitution de 150 grammes de viande à 500 grammes de pain.

À un autre point de vue encore, la partielle substitution de la viande au pain aurait quelques avantages.

Les végétariens cherchent à diminuer les souffrances des animaux : c'est fort bien ; mais il faudrait aussi penser à l'homme. Or il est certain que le labourage de la terre, l'ensemencement, la culture, la récolte, la mouture du blé exigent au moins autant d'efforts que l'engraissement des bestiaux.

Un bœuf fournit près de 125 kilogrammes de bonne viande. Est-ce que, pour arriver à mener un bœuf a son poids normal, le travail et les peines de l'homme ne sont pas moindres que pour produire 500 kilogrammes de farine ? C'est à ce point de vue, semble-t-il, qu'il faut se placer. Puisque avant tout il s'agit d'économiser les souffrances et le labeur de l'homme, mieux vaut lui faire produire 500 kilogrammes de farine et un bœuf que 2,000 kilogrammes de farine.

En somme, il est certainement absurde de prétendre que l'homme a besoin de viande pour se nourrir ; mais vouloir supprimer la viande de notre alimentation, c'est tomber dans un autre excès. Un peu de viande — viande de poisson ou de boucherie — épargnera beaucoup de pain et de légumes, et notre santé s'en trouvera bien.

V

Après avoir ainsi combattu quelques-unes des propositions de l'illustre psychologue russe, pouvons-nous dire qu'il a en tort ? Non, certes, et il reste quelques indications générales qu'il faut précieusement recueillir.

C'est d'abord que le luxe exagéré est coupable et absurde, et que ceux qui vivent dans le luxe doivent constamment penser à ceux qui vivent dans la misère.

Notre but doit être, non pas d'augmenter notre luxe, mais de donner un peu de luxe à ceux qui ont à peine le strict nécessaire, et, pour y arriver, de faire sur soi-même un effort moral ; par exemple, de diminuer notre alimentation trop abondante, ce qui amènera aussitôt une amélioration de notre santé, et augmentera notre vigueur physique et intellectuelle.

Puisse-t-il n'avoir pas prêché dans le désert ! Puisse sa voix généreuse avoir diminué l'égoïsme et la brutalité, fléaux de l'homme, obstacles à tout progrès !

[1]. Charles Richet était physiologiste et médecin français, Prix Nobel de médecine. Il fut membre de l'académie des sciences et de médecine.

[2]. Traduction E. Halpérine-Kaminsky